Claudia Pianetti della Stufa

A TAVOLA CON STILE
fra tradizione e contemporaneità

DINING IN STYLE
between the traditional and the contemporary

foto di | photos by
Susi Lensi Orlandi

Mandragora

L'abia o non L'abia

Claudia Pianetti Lotteringhi della Stufa ha sempre avuto la passione delle belle apparecchiature e fin da bambina si dilettava coi bei servizi di famiglia. Adesso ci immerge in un'atmosfera di tavole esclusivamente toscane tra le più raffinate, con l'apparato fotografico dell'artista Susi Lensi Orlandi, sua valida collaboratrice in quest'opera.

Convivio e *companatico*, dal latino vivere attimi insieme e condividere il pane (letteralmente "ciò che si mangia insieme al pane"), cibo per eccellenza. L'Italia prima che nazione, fu "federalismo" di Comuni e Signorie dove, soprattutto dal Rinascimento in poi e specie sotto mecenati di gusto e cultura come i Medici e gli Sforza, si diffuse – grazie a maestri artigiani di tessuti, metalli, vetro e ceramiche – la consuetudine di ricevere gli ospiti, degni di particolare attenzione e accoglienza, con l'*entrée* in sala da pranzo.

E qui la visione di una tavola imbandita di tovaglie, posate, bicchieri, accessori come centrotavola candelabri e addobbi costituiva un *coup de théâtre*, da set cinematografico. Cosa di meglio che l'estetica più raffinata alla vista e al tatto come preambolo al piacere, sì degli occhi, ma anche del naso e della bocca, scatenato dalla sapienza culinaria tipicamente italiana?

E quale strumento di dimostrazione e persuasione per siglare accordi, intese su affari, alleanze e matrimoni?

Chi, di fronte a cotanto ben di Dio, non si sarebbe lasciato andare ben disposto a condividere con i padroni di casato ciò che veniva proposto?

Eventi anche allora, da sempre l'arte del ricevere è un'arma di marketing insuperabile, specie se si ha a disposizione l'eccellenza.

Ecco che l'autrice ha certo colto con immagini, che più di ogni altro mezzo di comunicazione rispecchiano e trasmettono una realtà storica della miglior tradizione nazionale *ante litteram*, un patrimonio cui ciascuno può attingere riscoprendo il gusto dello stare insieme al desco per eccellenza: la tavola.

E per ricordare i Labia di Venezia, soliti gettare a fine pasto la posateria e i boccali d'oro zecchino nei canali sottostanti la sala d'invito, è sempre bene manifestare senza sottintesi di essere un Labia, ovverosia il potere è saperlo esercitare, col sapere fare e far sapere...

Che si aprano i giochi, le danze e si sfoglino queste meravigliose pagine.

DOMENICO SAVINI

Un particolare ringraziamento a Gianni Torti Jr. per la collaborazione.

L'abia o non L'abia

Claudia Pianetti Lotteringhi della Stufa has always had a passion for fine table settings, and as a child she delighted in the family's elegant tableware. Now she immerses us in the atmosphere of the finest, exclusively Tuscan tables, with the photography of artist Susi Lensi Orlandi, who was her invaluable collaborator in this work.

Convivio and *companatico*, from the Latin for living moments together and sharing bread (literally "that which is eaten with bread"), the quintessential food. Italy, before becoming a nation, was a "federalism" of municipalities and lordships where, especially from the Renaissance onwards and particularly under patrons of taste and culture such as the Medici and Sforza families, the custom of receiving guests who were worthy of special attention with an *entrée* in the dining room became widespread, thanks to master craftsmen of fabrics, metals, glass and ceramics.

The sight of a table laid with tablecloths, cutlery, glasses and accessories such as centrepieces, candelabras and decorations was a genuine *coup de théâtre*, like a film set. What could be better than the finest visual and tactile aesthetics as a preamble to the pleasure of the senses – of the eyes but also of the nose and mouth – aroused by the typically Italian culinary expertise?

And what better means of demonstration and persuasion was there to seal agreements, business deals, alliances and marriages?

Who, in the face of such bounty, would not have been willing to agree to whatever was proposed by the hosts?

Occasions even then, the art of hospitality has always been an invaluable marketing tool, especially if one has excellence at one's disposal.

Here, the author has certainly captured a historical vision of the best national tradition of yore in images which, more than any other medium, both reflect and convey a heritage that everyone can enjoy by rediscovering the pleasure of being together at the ultimate meeting place: the table.

It is said that in the noble Venetian Labia family, it was customary to throw the cutlery and mugs of pure gold into the canals below the feast hall at the end of the meal. *L'abia o non l'abia, sarò sempre Labia* (whether I have it or not, I will always be a Labia) was the motto of the hosts; as if to say that power means knowing how to wield it and above all how to make it known.

Let the games and dances begin and let these wonderful pages unfold.

DOMENICO SAVINI

Special thanks to Gianni Torti Jr. for his collaboration.

L'idea di questo libro nasce dopo i durissimi anni della pandemia, durante i quali le rigide ma necessarie misure di contenimento avevano privato ciascuno di noi di uno degli aspetti fondamentali della vita: lo stare insieme. Ecco allora che proprio come in una novella primavera, alla fine di quella triste esperienza, è emerso un desiderio potente – quasi incoercibile – di riavvicinarsi all'arte e al bello. E che cosa c'è di più bello e più empatico di una tavola finemente allestita, secondo il gusto diverso e unico di ciascuno di noi?

Ringrazio dunque le amiche e gli amici che hanno contribuito alla realizzazione di questo libro, aprendomi le loro case e le loro stanze da pranzo, i loro palazzi e le loro dimore storiche ricche di misteri e nascondigli. Ogni *salle à manger* che ho visitato ha arricchito la mia esperienza professionale e umana.

Ho scelto di dedicare la copertina alla memoria della cara Cristina Degli Alessandri, mancata purtroppo mentre questo volume era in lavorazione e alla quale rivolgo un affettuoso pensiero.

Mi auguro che tutti possano trarre ispirazione da questi contesti diversi, ma attualissimi.

The idea for this book came about after the very hard years of the pandemic, during which the strict but necessary containment measures deprived each of us of one of the fundamental aspects of life: being together. It was then that, just like a new spring at the end of that dismal experience, a powerful – almost uncontrollable – desire emerged to reconnect with art and beauty. And what could be more beautiful and more empathetic than a finely laid table, according to each person's different and unique taste?

Therefore, I would like to thank the friends who contributed to the making of this book, who opened their homes and dining rooms to me, their mansions and historical residences full of mysteries and hiding places. Every *salle à manger* that I have visited has enriched my professional and human experience.

I have chosen to dedicate the cover to the dear memory of Cristina Degli Alessandri, who sadly passed away while this volume was being prepared and who I remember with affection.

I hope that everyone can draw inspiration from these different but very topical contexts.

CLAUDIA

Ludovico e Eva Basile

Questa inconsueta apparecchiatura cinese del primo Ottocento si trova nel salone di casa in Palazzo Degli Alessandri. Per restituire fascino alla collezione orientale, si è cercato con un minuzioso lavoro di design di trovare motivi e decorazioni che si accordassero all'eccentrico arredo. Tra i fondi oro e un immenso quadro con il palio di Firenze – vinto nel Settecento dalla famiglia, si colloca al centro la grande tavola dal piano di antico marmo rosso di Levanto, che accoglie la collezione di porcellane cinesi Canton "Famille rose" dipinte a mano nel XIX secolo, apparecchiata per un invito al tè.
I due imponenti vasi cinesi, montati in bronzo dorato e trasformati in grandi candelabri con luci a forma di tralcio floreale a più bracci, dal bordo superiore cesellato e base rotonda con ghirlande e piedi fogliati terminanti a ricciolo, trovano completamento nei piatti e nelle coppette in porcellana, sempre "Famille rose", decorati con minuziosi fiori e foglie. L'apparecchiatura è perfezionata da posate in vermeil cesellate con lo stemma Degli Alessandri sul retro. A completare l'arredo stravagante, lontano da ogni effetto modaiolo, la coppa cinese centrale con la composizione floreale in rosa, rosso e giallo.

This unusual Chinese table setting from the early nineteenth century can be found in the drawing room of the house in the Palazzo Degli Alessandri. In order to enhance the oriental collection, meticulous design work was carried out to find motifs and decorations that matched its eccentricity. Set against the gold backgrounds and an immense painting of the Florence Palio – won by the family in the eighteenth century – is the large table with a top of antique red Levanto marble, which displays the collection of Chinese Canton "Famille rose" porcelain, hand-painted in the nineteenth century, laid out for an invitation to tea. The two imposing Chinese vases, set in gilded bronze and transformed into large candelabras with lights in the shape of a multi-armed floral vine, with a chased top rim and round base with garlands and feet with leaves ending in swirls, are complemented by the porcelain plates and bowls, which are also "Famille Rose", decorated with minute flowers and leaves. The tableware is completed with chased vermeil cutlery with the Degli Alessandri crest on the back. Completing the extravagant décor, with no regard for what is fashionable, is the central Chinese bowl with its floral composition in pink, red and yellow.

Ludovico e Eva Basile

Stefano e Carole Benini

Questa "sala da pranzo in cucina" in Palazzo degli Albizi è finemente decorata: alle pareti si apprezzano affreschi monocromi del 1820 circa, il soffitto ha ornati della fine del XIX secolo e sulle porte vi sono decorazioni a motivo di faretra con le frecce. Nell'angolo c'è una grande stufa in maiolica della fine dell'Ottocento, mentre un lampadario da biliardo in ottone illumina la tavola. Sui sottopiatti di Lisa Corti si trovano: piatti della Manifattura di Meissen, come pure le porcellane, posate dell'argentiere fiorentino Pagliai, bicchieri da vino della moleria Locchi di Firenze, bicchieri da acqua veneziani di Tuttoattaccato. I tovaglioli ricamati sono del Madagascar.

This "kitchen dining room" in the Palazzo degli Albizi is finely decorated: on the walls are monochrome frescoes from around 1820, the ceiling has late nineteenth-century embellishments and the doors are decorated with quivers and arrows. In the corner is a large, tiled stove from the late nineteenth century, while a brass billiard chandelier illuminates the table. On the Lisa Corti underplates are dishes and china from the Meissen manufactory, cutlery by Florentine silversmith Pagliai, wine glasses from the Moleria Locchi glassware factory in Florence, Venetian water glasses from Tuttoattaccato. The embroidered napkins are from Madagascar.

Stefano e Carole Benini

Ridolfo e Enrichetta Bichi Ruspoli Forteguerri

La monumentale villa di Radi, o Villa Bichi Ruspoli Forteguerri, risale al Seicento ed è costruita sulle rovine di un castello medievale. Dal giardino storico terrazzato, edificato sulle antiche mura, si accede alla torre di guardia, alle limonaie e alla sala delle Armi. Quest'ultima, lunga venti metri, con pavimento originale di cotto fatto a mano nel Seicento, accoglie i dipinti degli antenati a partire dal Quattrocento. Qui si svolgono i pranzi di caccia, fino a cinquanta ospiti, su tavoli di legno d'epoca. I piatti bianchi e blu sono antichi Ginori con lo stemma di famiglia, i bicchieri blu fumé riprendono i colori del blasone e la tavola è decorata con una collezione di pappagalli in legno e porcellana della marchesa Maty Bichi Ruspoli Forteguerri, nonna degli attuali proprietari.

Ridolfo e Enrichetta Bichi Ruspoli Forteguerri

The grand villa of Radi, or Villa Bichi Ruspoli Forteguerri, dates back to the seventeenth century and is built over the ruins of a medieval castle. The historic terraced garden, built on the ancient walls, gives access to the watchtower, lemon houses and the Hall of Arms. The latter, twenty metres long, with an original seventeenth-century handmade terracotta floor, houses paintings of ancestors from the fifteenth century onwards. Hunting lunches are held here, for up to fifty guests, on antique wooden tables. The blue and white plates are antique Ginori with the family crest, the smoked blue glasses pick up the colours of the crest and the table is decorated with a collection of wooden and porcelain parrots by Marchesa Maty Bichi Ruspoli Forteguerri, grandmother of the current owners.

Francesco e Maria Giovanna Boncompagni Ludovisi

Sul tavolo in vetro che riflette il soffitto della sala da pranzo con decorazione a grottesche, si trovano: sottopiatti in argento con lo stemma di famiglia, servizio di piatti in porcellana "Apponyi green" della Manifattura di Herend, dono di nozze del principe don Guido Boncompagni Ludovisi nonno di don Francesco, posate in argento con il blasone di famiglia, bicchieri in cristallo della moleria Locchi di Firenze con corone, monogramma degli sposi.

On the glass table reflecting the ceiling of the dining room with its grotesque style decorations are silver underplates with the family crest; an "Apponyi green" porcelain dinner service from the Herend manufactory, which was a wedding gift from Prince Don Guido Boncompagni Ludovisi, grandfather of Don Francesco; silver cutlery with the family crest and crystal glasses from the Moleria Locchi glassware factory in Florence, with crowns and the monogram of the bride and groom.

Francesco e Maria Giovanna Boncompagni Ludovisi

Le tovagliette all'americana, ricamate con la corona della famiglia, sono in lino della tessitura A. Calabrese di Lecce e appartengono al corredo di nozze; il centrotavola in porcella è un "giardino all'italiana" del negozio Ugo Poggi di Firenze; alle pareti quadri degli antenati.

The American-style napkins, embroidered with the family crown, are in linen from the A. Calabrese weaving mill in Lecce and belong to the wedding trousseau; the porcelain centrepiece is an "Italian garden" from the Ugo Poggi shop in Florence; and on the walls are paintings of ancestors.

Francesco e Maria Giovanna Boncompagni Ludovisi

Gianluigi e Marie Borghini Baldovinetti de' Bacci

Questo allestimento, raffinato ma al contempo conviviale, ha il sapore del tempo trascorso insieme intorno a un bel tavolo apparecchiato. I colori caldi e l'ambiente circostante creano un'atmosfera familiare per tutti i convitati.
Sulla tavola si trovano: piatti della manifattura di porcellane di Ludwigsburg di proprietà dei Württemberg, bicchieri Saint Louis e posate veneziane San Marco in vermeil. Svettano fagiani venerati imbalsamati tra le candele.

This refined yet convivial setting exudes the feeling of time spent together around a beautifully laid table. The warm colours and surroundings create a familiar atmosphere for all the guests. On the table are porcelain dishes from the Ludwigsburg manufactory owned by the Württemberg family; Saint Louis glasses and San Marco Venetian cutlery in vermeil. Stuffed Reeve's pheasants stand among the candles.

Gianluigi e Marie Borghini Baldovinetti de' Bacci

Gianluigi e Marie Borghini Baldovinetti de' Bacci

Onorio e Cecilia Bourbon di Petrella

La grande sala, che si affaccia su due corti della metà del Duecento, accoglie la tavola usata per ricevere gli amici nel periodo estivo. Il tavolo è accompagnato da sedie Thonet in massello di faggio curvato a vapore, realizzate a Vienna dalla Jacob & Josef Kohn. Gli splendidi, rarissimi piatti sono di ceramica "vecchia Deruta", decorati con gli allegri e classici motivi floreali, le posate napoletane in argento, i bicchieri con disegni geometrici. Il lungo tovagliato in misto lino e canapa è uscito da un antico telaio in funzione fino agli inizi del Novecento. I candelieri sono opera dell'argentiere Del Bono.

The large reception room overlooking two mid-thirteenth-century courtyards, houses the table used to receive friends in the summertime. The table is accompanied by steam-curved solid beech Thonet chairs, made in Vienna by Jacob & Josef Kohn. The splendid, rare dishes are made of "old Deruta" ceramic, decorated with cheerful, classic floral motifs, the Neapolitan cutlery is in silver and the glasses have geometric designs. The long tablecloth in a linen and hemp blend was made on an old loom that was in operation until the beginning of the twentieth century. The candlesticks are the work of silversmith Del Bono.

Onorio e Cecilia Bourbon di Petrella

Filippo e Orsola Carrega

Sotto un porticato su cui si affaccia una *Bougainvillea* dai fiori fucsia, si trova questa tavola allestita con sottopiatti in vetro, piatti e porcellane con stemma del servizio "Antico Doccia" della Manifattura Ginori; bicchieri appartenuti alla famiglia Borghese, posate dell'argentiere fiorentino Pagliai. La tovaglia è composta da vari pizzi uniti insieme, tutti del 1700; l'alzata candeliere è dell'orafo e scultore francese Pierre-Philippe Thomire.

Under a portico overhung by a flowering purple *Bougainvillea*, this table is set with glass underplates; dishes and porcelain with the family crest from the Ginori manufactory's "Antico Doccia" service; glasses that belonged to the Borghese family and cutlery by the Florentine silversmith Pagliai. The tablecloth is made of various pieces of lacework joined together, all from the 1700s and the candlestick riser is by French goldsmith and sculptor Pierre-Philippe Thomire.

Filippo e Orsola Carrega

Nel giardino della proprietà su un tavolo con piano in travertino e zampe a disegno leonino dell'antica Manifattura di Signa, risalente al secolo scorso, si trovano tazze da tè della ceramica di Laveno e servizio d'argento.

In the garden of the estate, on a table with a seashell travertine marble top and feet in the style of lion paws from the Signa manufactory dating back to the last century, are tea cups made of Laveno ceramic and a silver service.

Filippo e Orsola Carrega

Guido Ciompi *e Luigi* Lantieri

Nel verde del giardino padronale, sul tavolo in travertino e acciaio verniciato, con erba al centro, accompagnato da sedie in acciaio armonico francesi degli anni trenta si trovano: sottopiatti di paglia con piatti verdi francesi, posate in ottone, bicchieri verdi marocchini e flûte di Baccarat dei primi del Novecento, portapane e segnaposto in ceramica di Caltagirone. I tovaglioli cifrati in lino bianco sono della fine dell'Ottocento, le composizioni di rose gialle, papiri, asparagi e pappagallini.

In the verdant manor garden, on the travertine marble and varnished steel table, with grass in the centre, accompanied by 1930s French harmonic steel chairs, are straw placemats with green French dishes, brass cutlery, green Moroccan glasses and early twentieth-century Baccarat flûtes, and Caltagirone ceramic bread holders and place markers. The monogrammed white linen napkins are from the late nineteenth century, the arrangements are yellow roses, papyruses, asparagus and parakeets.

Guido Ciompi e Luigi Lantieri

Giovanni e Ines Corsini

A lato: un matrimonio a ottobre regala molteplici sfaccettature agli ospiti: giornate ancora in parte estive e serate che necessitano del calore quasi autunnale. Questo si riflette nei colori scelti, un verde oliva per sottolineare la natura di campagna della Villa, e fiori che riprendono i colori degli affreschi, su tonalità calde e setose. Un trionfo di candele a sorprendere gli ospiti per il sontuoso banchetto.

Opposite: a wedding in October may hold many things in store for guests: partly summery in the day, the evenings could be almost autumnal and require some warmth. This is reflected in the colours chosen, an olive green to emphasise the rural nature of the Villa, and flowers that echo the colours of the frescoes, in warm, silky tones. A blaze of candles greets guests to the sumptuous banquet.

Alla pagina 33: fresca ed estiva, allegra e colorata è l'atmosfera per questo matrimonio. Il tovagliato di lino bianco, impreziosito nel tovagliolo con la bordatura oro, spicca sul pavimento in cotto della Galleria di Pandolfo Sacchi della Villa Corsini a Mezzomonte. Il servizio classico Ginori, anch'esso bordato oro, l'eleganza delle posate in antico argento inglese e le sfaccettature dei bicchieri donano alla serata un carattere romantico e senza tempo. Tutto si fonde perfettamente con gli affreschi e la bellezza della sala.

On page 33: the atmosphere for this wedding is fresh and summery, cheerful and colourful. The white linen tablecloth, embellished with gold-edged napkins, stands out against the terracotta floor of the Pandolfo Sacchi Gallery of the Villa Corsini at Mezzomonte. The classic Ginori service, also edged in gold, the elegance of the antique English silver cutlery and the multifaceted glasses give the evening a romantic and timeless character. Everything blends perfectly with the frescoes and the beauty of the room.

Giovanni e Ines Corsini

Per poter apprezzare la bellezza del luogo l'utilizzo di composizioni alte è molto prezioso in quanto aiuta l'ospite a sorprendersi continuamente man mano che alza gli occhi verso la volta affrescata. Una tovaglia champagne per dare luce e allo stesso tempo scaldare l'ambiente, un classico vecchio Ginori bordato oro per immergersi in un'atmosfera accogliente e classica oltreché di classe.

The use of tall arrangements is invaluable in helping guests to appreciate the beauty of the place, as they guide guests' eyes upwards to the astonishing frescoed ceiling. A champagne tablecloth gives both light and warmth to the room and a classic old Ginori service bordered in gold creates a cosy and classic as well as classy atmosphere.

Giovanni e Ines Corsini

Lorenza Dalgas

Questo salotto-sala da pranzo, nel cuore dell'Oltrarno fiorentino, si affaccia su un giardinetto di palme, pompelmi e bambù che Francesca Guicciardini, figlia della padrona di casa, ha riprodotto sulle pareti, inglobando anche un grande *trompe-l'œil* su tela – in stile Remondini – raffigurante il giardino di un governatore delle Indie orientali del Settecento. La tavola è imbandita con piatti della Manifattura Cantagalli e bicchieri di Empoli, tutto della metà degli anni cinquanta del secolo scorso. I pesciolini segnaposto e le caraffe – della stessa tonalità dei bicchieri – sono di Mario Luca Giusti. Ai lati del trofeo di fiori si intravedono Berry e Nelson, i piccoli levrieri in bronzo brunito sempre presenti sulla tavola di Lorenza.

This living-dining room, in the heart of the Florentine Oltrarno, overlooks a small garden of palm trees, grapefruit trees and bamboo that Francesca Guicciardini, the owner's daughter, has reproduced on the walls; also incorporating a large trompe-l'oeil on canvas – in the Remondini style – depicting the garden of an eighteenth-century East Indian governor. The table is set with dishes from the Cantagalli manufactory and glasses from Empoli, all from the mid-1950s. The place markers in the form of little fish and the carafes – in the same shade of colour as the glasses – are by Mario Luca Giusti. On either side of the flower arrangement are Berry and Nelson, the little greyhounds in burnished bronze which are always present on Lorenza's table.

Lorenza Dalgas

Cristina Degli Alessandri

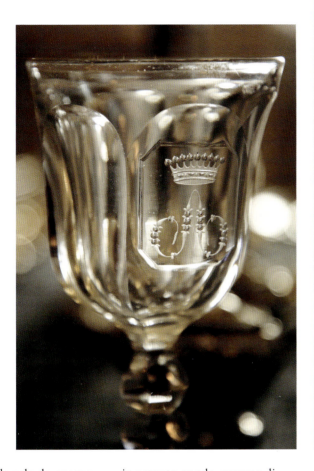

Al centro della sala da pranzo, dove sulle mensole addossate alle pareti sono esposti due busti – *La testa di Elena e La testa di Paride* – provenienti dall'atelier di Canova che Giovanni Degli Alessandri aveva allestito al piano terreno del suo palazzo, databili al 1811 – sulla tavola si trovano: il servizio di porcellana Ginori "del tulipano" del 1780 circa, accompagnato dalle posate in argento con lo stemma di famiglia, probabilmente di manifattura francese, della prima metà dell'Ottocento e dai bicchieri, sempre con stemma, di Baccarat. Dello spesso periodo e sempre di manifattura francese è anche il dessert centrotavola, ornato sul bordo dal blasone ripetuto entro il festone neobarocco secondo i dettami del periodo.

In the dining room two busts dating from 1811 – *The Head of Helen* and *The Head of Paris*, from the studio of Canova that Giovanni Degli Alessandri had set up on the ground floor of his mansion, are displayed on the shelves against the walls. In the centre is the table with the Ginori "tulip" porcelain service from around 1780, accompanied by silver cutlery with the family crest, probably of French manufacture from the first half of the nineteenth century, and glasses, again with the crest, by Baccarat. From the same period and again of French manufacture is the dessert centrepiece, decorated on the rim with the emblem repeated within the neo-Baroque festoon according to the prevailing trends of the period.

Cristina Degli Alessandri

Del Corona

La villa di Terzollina, antica dimora dei Del Corona da cui discendono gli attuali proprietari Alessandro, Maria Stella e Claudia, sorse a controllo dei loro fondi agricoli nella valle del torrente Terzolle. Nella sala da pranzo, sulla tavola si trovano: posate di famiglia, bicchieri di cristallo e piatti Fabergé. I piatti, ciascuno finemente decorato con un diverso tipo di "uovo", presentano sul retro una dedica che esplicita il disegno principale. Sulla tovaglia di candido lino bianco, bordata ai lati da fini pizzi, troneggiano due maestosi vasi della Manifattura di Limoges adornati con i fiori del giardino della proprietà.

The Villa Terzollina, the former home of the Del Corona family from whom the current owners Alessandro, Maria Stella and Claudia descend, was built to oversee their farmland in the valley of the Terzolle stream. On the table in the dining room are family cutlery, crystal glasses and Fabergé dishes. The plates, each finely decorated with a different type of "egg", have a dedication on the back that makes explicit the main design. On the tablecloth of pure white linen, bordered by fine lace, stand two magnificent vases from the Limoges manufactory filled with flowers from the estate's garden.

Del Corona

Christophe e Cécile Durand-Ruel

In una sala da pranzo con affreschi della seconda metà dell'Ottocento e pareti impreziosite da una seta rossa dall'effetto moiré dell'Antico setificio fiorentino si trovano: piatti della Manifattura Ginori con stemma della famiglia Turati dell'Ottocento, posate in argento dell'argentiere Antonio Giacchè di Milano della prima metà del Novecento, piattini da pane in argento di Buccellati.

In a dining room with frescoes from the second half of the nineteenth century and walls decorated with red silk with a moiré effect from the Antico setificio fiorentino are dishes from the Ginori manufactory with the Turati family crest from the nineteenth century, silver cutlery from the Milan silversmith Antonio Giacchè from the first half of the twentieth century and silver bread plates from Buccellati.

Il tovagliato antico è della Villa, il centrotavola è composto da quindici figurine in porcellana bianca di Geminiano Cozzi, del 1765 circa, con vetri a forma di giardino all'italiana del maestro vetraio veneziano Giuseppe Briati del Settecento. Nella stanza: coppia di consolle lucchesi Luigi XV dorate a mecca con piani in marmo bardiglio del Settecento, caminiera Luigi XIV in legno finemente intagliato e dorato, Piemonte sempre del Settecento, specchierine in legno intagliato e dorato, portacandele in ferro di realizzazione italiana del Settecento.

The antique tablecloth is from the Villa; the centrepiece is composed of fifteen white porcelain figurines by Geminiano Cozzi, circa 1765, with glass in the shape of an Italian garden by the eighteenth-century Venetian master glassmaker Giuseppe Briati. In the room there are a pair of gilded Louis XV console tables with eighteenth-century bardiglio marble tops, a Louis XIV fireplace set in finely carved and gilded wood, Piedmont also from the eighteenth century, small mirrors in carved and gilded wood, and an iron candle holder made in Italy in the eighteenth century.

A lato: centrotavola in argento tedesco della fine dell'Ottocento-inizi Novecento a foggia di slitta, corpo sbalzato e cesellato con un putto che suona una cornucopia, motivi floreali, vegetali e volute.

Opposite: a late 19th-early 20th century German silver centrepiece, in the form of a sleigh with embossed and engraved body and a cherub playing a cornucopia, with botanical motifs and volutes.

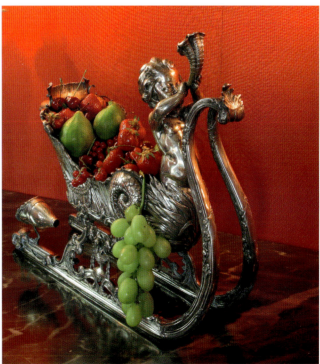

Christophe e Cécile Durand-Ruel

Carlo Feri

Nel quadrilatero romano di Firenze in un'antica casa torre del 1200, l'appartamento – abitato dalla stessa famiglia dal 1850 – è arredato con grande rispetto del passato e con l'inserimento di pezzi di design contemporaneo e di modernariato.
Sul tavolo da pranzo accompagnato da sedie in finitura oro del designer francese Philippe Starck, sotto un grande lampadario anni cinquanta in vetro di Murano, si trovano: i piatti e la zuppiera di Wedgwood dell'Ottocento, accompagnati dalle posate di casa; i candelieri, i portafiori, gli scaldavivande e le legumiere sono in argento e provengono dal servizio di un ufficiale inglese di stanza in India.

In a thirteenth-century tower house in the former Roman quarter of Florence, the apartment – inhabited by the same family since 1850 – is furnished with great respect for the past and with the inclusion of contemporary design pieces and modern antiques. On the dining table accompanied by gold-finish chairs by French designer Philippe Starck, under a large 1950s Murano glass chandelier, are the nineteenth-century Wedgwood plates and soup tureen, with the family's cutlery. The candlesticks, flower holders, warming dishes and legume dishes are in silver and come from the service of a British officer stationed in India.

Questo splendido cassone, appartenuto a un ufficiale inglese in missione in India nel 1920, è un pezzo unico e di grande valore: diviso in cassette sovrapposte, custodisce in appositi scomparti – puntualmente etichettati – un servizio completo in argento con posate da pesce, scaldavivande, candelieri…

This splendid chest from the Feri household, which belonged to a British officer on a mission to India in 1920, is a unique and highly valuable piece. Divided into overlapping boxes, it holds, in specially labelled compartments, a complete silver service with fish cutlery, warming dishes, candlesticks…

Carlo Feri

Salvatore e Christine Ferragamo

Questa accogliente *salle à manger*, con il pavimento in cotto e le travi a vista, affaccia sul giardino padronale. Sul tavolo in legno si trovano: sottopiatti in argento, piatti in porcellana bianca, piatti in ceramica verdi, posate in argento con manico di osso, bicchieri di famiglia.

This cosy *salle à manger*, with its terracotta flooring and exposed beams, overlooks the manor garden. On the wooden table are silver underplates, white porcelain plates, green ceramic plates, silver cutlery with bone handles, and family glasses.

Salvatore e Christine Ferragamo

I piattini portapane sono in vetro con bordo in argento, i segnaposto in ceramica verde, i tovaglioli in lino finissimo. Completano la tavola vasi in vetro e cristallo di diverse dimensioni e colori, arricchiti dai fiori del giardino della proprietà.

The bread plates are glass with a silver rim, the place markers are green ceramic, the napkins are fine linen. Glass and crystal vases of different sizes and colours, filled with flowers from the property's garden, complete the table.

Salvatore e Christine Ferragamo

Leonardo e Cristiana Frescobaldi

Sulla terrazza fiorita che guarda la cupola della basilica di Santo Spirito nell'Oltrarno fiorentino, sulla tavola trovano posto: i piatti decorati con tralci di uva, pampini e grappoli della fabbrica francese contemporanea Eigin Paris, le posate e i bicchieri dei marchesi Bargagli Bardi Bandini della fine del Settecento.
Sulla tovaglia gli uccellini sul ramo in porcellana di Meissen.

On the flower-covered terrace overlooking the dome of the basilica of Santo Spirito in the Oltrarno district of Florence, the table is set with dishes decorated with vine shoots, vine leaves and bunches of grapes from the contemporary French factory Eigin Paris, and late eighteenth-century cutlery and glasses of the Marchesi Bargagli Bardi Bandini. On the tablecloth the birds on the branch are in Meissen porcelain.

Leonardo e Cristiana Frescobaldi

Giovanni e Nicoletta Gentile

Sulla tovaglia di lino purissimo dell'azienda Bellora di Fagnano Olona trovano posto i piatti della Manifattura Richard Ginori, acquistati all'asta da Sotheby's alla fine degli anni novanta, che erano appartenuti al famoso e raffinato storico dell'arte George Kaftal, i bicchieri della Christofle di Milano. La composizione sulla tavola è di ortensie rosa del giardino della proprietà.

On the pure linen tablecloth from Bellora, in Fagnano Olona, there are dishes from the Richard Ginori manufactory, purchased at auction from Sotheby's at the end of the 1990s, which had belonged to the distinguished art historian George Kaftal, and glasses from Christofle of Milan. Pink hydrangeas from the property's garden have been used to decorate the table.

Giovanni e Nicoletta Gentile

Cristina Germani

La padrona di casa, grande appassionata di letteratura e cultura russa, preparando questa tavola ha immaginato una colazione a San Pietroburgo oppure a Mosca, unendo così un servizio di tazze "Imperial Porcelain St. Petersburg" ad alzate in argento con motivi a crisantemi di Tiffany, come pure di Tiffany sono i bicchieri. I piatti inglesi sono Giorgio III. Il tutto su un tessuto di seta con motivi ad aquile e stemmi della stirpe dei Romanov.

The hostess, a great lover of Russian literature and culture, envisioned a breakfast in St Petersburg or Moscow when preparing this table, thus combining an "Imperial Porcelain St. Petersburg" tea service with silver risers with chrysanthemum motifs from Tiffany, as well as glasses from Tiffany. The English dishes are George III. All on a silk fabric with eagle motifs and coats of arms of the Romanov lineage.

In giardino è allestito questo *déjeuner sur l'herbe*, ispirato all'ambiente circostante, con piatti inglesi Royal Worcester Royal Garden Elgar, posate vintage in vermeil, bicchieri Baccarat. Al centro una rana di manifattura parigina con fiori del giardino, peonie e rami di ippocastani rosa. Sullo sfondo una magnifica limonaia su cui si appoggiano piante di aranci amari cari alla proprietà.

This *déjeuner sur l'herbe* is in the garden, inspired by the surroundings, with English Royal Worcester Royal Garden Elgar dishes, vintage vermeil cutlery, and Baccarat glasses. In the centre is a Parisian-made frog with garden flowers, peonies and branches of pink horse chestnuts. In the background is a magnificent lemon house, against which there lean bitter orange trees treasured by the owners.

Antonella Giachetti

Una tavola dove la tradizione agricola e culturale della Toscana si incontra con gentilezza con la natura che entra nel luogo dove la tavola è posta attraverso piante e vetrate. La porcellana più semplice di Ginori "Ariston" degli anni settanta, le rose iceberg e le calde candele accese rendono magico questo rustico sul viale dei Colli a Firenze, dedicato alle feste agricole della vendemmia e dell'olio nuovo, della tradizione del Natale e della Pasqua o semplicemente a quelle della famiglia.

A table where the agricultural and cultural traditions of Tuscany come together sympathetically, with nature encroaching on the place where the table is set in the form of plants and through glass windows. This rustic place in Florence on the Viale dei Colli, a place dedicated to the agricultural festivals of the grape and olive harvest, and to the traditional festivities of Christmas and Easter or simply to family celebrations, is made magical by the simplest Ginori "Ariston" porcelain from the 1970s, iceberg roses and the warmth of the lit candles.

Antonella Giachetti

Ginevra Ginori Conti

Nella pineta di Roccamare, sul prato oggi di casa Lensi Orlandi va in scena questo *déjeuner sur l'herbe*. Su una tovaglia di lino color pervinca con piccoli tralci di plumbago, si apprezzano alcuni pezzi dei grandi servizi da tavola di terraglia smaltata chiara, decorata in blu scuro con gli stemmi Ginori Conti-Larderel, mentre sullo sfondo svetta la cima di un pino domestico. Al padre della padrona di casa, Federigo Ginori Conti, si deve la realizzazione di questo avveniristico insediamento di ville nascoste in grandi lotti alberati, ispirate al villaggio di Punta del Este in Uruguay. Il conte Ginori Conti conosceva di questa terra quasi ogni albero, ogni cespuglio e con grande sforzo riuscì a far rinverdire le dune della fascia costiera, mettendo a dimora migliaia di piante autoctone e neonati pini di Aleppo.

Today the scene of this *déjeuner sur l'herbe* is on the lawn of the Lensi Orlandi house in the pine grove of Roccamare. On a periwinkle-coloured linen tablecloth with small sprigs of plumbago, a few pieces of the large dinner service in light enamelled earthenware, decorated in dark blue with the Ginori Conti-Larderel crest take centre stage, while the top of a domestic pine tree dominates the background. The owner's father, Federigo Ginori Conti, was responsible for the creation of this futuristic settlement of villas hidden in large tree-lined lots, inspired by the village of Punta del Este in Uruguay. Count Ginori Conti knew almost every tree and bush of this land and with great effort managed to revitalise the dunes of the coastal strip, planting thousands of native plants and saplings of Aleppo pine.

Mario Luca Giusti

In una ambientazione vivace e informale, con una tavola appoggiata a terra accompagnata da morbidi cuscini come sedute si trovano due proposte di tavole. La prima con i piatti Pancale, i bicchieri Novella verdi e il portaposate centrotavola Melissa.

In a lively and informal setting, with a table laid on the floor with soft cushions to sit on, there are two proposed table settings. The first with Pancale dishes, green Novella glasses and a Melissa cutlery holder centrepiece.

Mario Luca Giusti

La seconda con i piatti Aimone arancioni, i bicchieri Dolce Vita blu e la brocca Sister Rosetta.

The second with orange Aimone plates, blue Dolce Vita glasses and a Sister Rosetta jug.

Bernardo e Vittoria Gondi

Palazzo Gondi è uno dei grandi edifici rinascimentali fiorentini: fu commissionato da Giuliano Gondi a Giuliano da Sangallo nel 1489. La terrazza, dietro l'altana storica, gode di un bellissimo panorama su tutta la città. Qui è allestita questa tavola per una cena a lume di candela. Di fronte alla Cupola di Brunelleschi scintillano gli antichi cristalli con i candelabri Antico Baccarat, i sottopiatti francesi neoclassici del 1750 e il servizio di posate Association des orfèvres, sempre della metà del XVIII secolo.

Palazzo Gondi is one of the great Florentine Renaissance buildings, commissioned by Giuliano Gondi from Giuliano da Sangallo in 1489. The terrace, behind the historic rooftop belvedere, enjoys a beautiful view of the whole city. The table is set here for a candlelight dinner. In front of Brunelleschi's dome, sparkle antique Baccarat candelabras, neoclassical French underplates from 1750 and an Association des orfèvres cutlery service, also from the mid-18th century.

Di fronte al monumentale camino di Giuliano da Sangallo del 1501 si trova questa tavola romantica allestita con bicchieri in cristallo incisi e dorati con fiori entro volute vegetali e piccoli vasi segnaposto in argento dei primi del Novecento con *Lisianthus* rossi. La tovaglia con intarsi di pizzo di Cantù è realizzata secondo gli antichi dettami introdotti, stando alle fonti, da Agnese di Borgogna priora del monastero di Santa Maria di Cantù.

In front of Giuliano da Sangallo's monumental fireplace from 1501 is this romantic table set with engraved and gilded crystal glasses with a design of flowers within volutes of leaves and small early 20th-century silver vases with red *Lisianthus* as place markers. The tablecloth with inlays of Cantù lace is made according to the ancient principles which were introduced, according to various sources, by Agnes of Burgundy, prioress of the monastery of Santa Maria di Cantù.

Ercole e Sansone, i numi tutelari di casa Gondi, dal camino sovrastano una lunga e imponente tavola imperiale con cristalli antichi, candelabri in argento e in cristallo Antico Baccarat e alzate in cristallo e argento della metà dell'Ottocento.
I centrotavola sono di fiori e frutta autunnali. Alle pareti i ritratti degli esponenti del ramo francese della famiglia: i duchi de Gondi de Retz e i marchesi di Belle-Isle.

Hercules and Samson, the tutelary deities of the Gondi household, stand above a long, imposing imperial table with antique crystal, silver and Baccarat crystal candelabras and mid-nineteenth-century crystal and silver risers. The centrepieces are made with autumn flowers and fruit. On the walls are portraits of the French branch of the family: the Dukes de Gondi de Retz and the Marquises de Belle-Isle.

Bernardo e Vittoria Gondi

Questa tavola adornata dai centrotavola con fiori semplici, quasi spontanei, è nella bella e accogliente sala da pranzo della Tenuta Bossi nel Chianti Rufina. Sovrastata da un ritratto di Antonio Gondi con il figlio, sopra il camino del Seicento, è arricchita da importanti piatti seicenteschi di ceramica bianca di Faenza con stemma Gondi.

This table adorned with centrepieces of simple, almost spontaneous flowers is in the beautiful and cosy dining room of the Tenuta Bossi in Chianti Rufina. Overlooked by a portrait of Antonio Gondi with his son, above the seventeenth-century fireplace, it is decorated with outstanding seventeenth-century plates of white Faenza ceramics with the Gondi family crest.

Due piatti di Faenza: quello con lo stemma unico è di portata, quello con lo stemma doppio è stato realizzato in occasione delle nozze tra due Gondi.

Two Faenza dishes: the one with the single crest is for serving, the other with the double crest was made for the wedding of two Gondi.

Bernardo e Vittoria Gondi

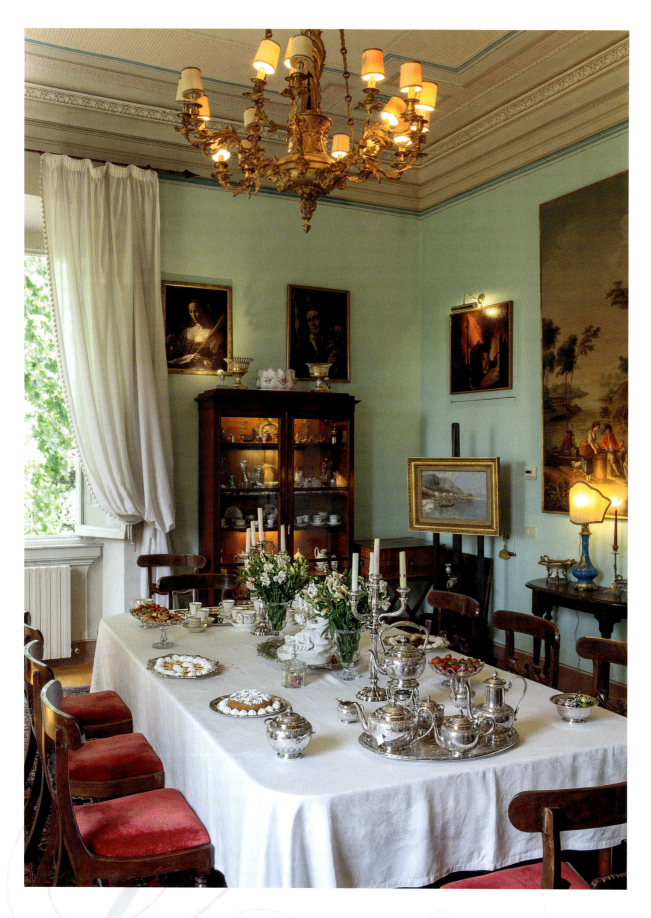

Francesca Grabau Amodeo

La famiglia Grabau, di antica e nobile origine proveniente da Amburgo e Lubecca, si è insediata in Italia alla fine del XVIII secolo. Alcuni dei suoi esponenti erano in carriera diplomatica e furono inviati in Toscana per rappresentare la Lega delle città anseatiche presso il granduca di Toscana. Sulla tavola si trovano: servizio da tè e caffè in argento con interno in vermeil con monogramma di famiglia, realizzato dall'orafo Jean-Baptiste-Claude Odiot nella prima metà dell'Ottocento. Le tazze da tè e da caffè sono di Manifattura francese della prima metà dell'Ottocento. I vassoi da portata sono sempre una realizzazione apposita di Odiot. Completano la *mise en place* la tovaglia in fiandra con monogramma di famiglia e il centrotavola in porcellana di Capodimonte.

The Grabau family, of ancient and noble origin from Hamburg and Lübeck, settled in Italy at the end of the eighteenth century. Some of its members were in diplomatic careers and were sent to Tuscany to represent the League of Hanseatic Cities to the Grand Duke of Tuscany. On the table is a silver tea and coffee service with interior in vermeil with family monogram, made by goldsmith Jean-Baptiste-Claude Odiot in the first half of the nineteenth century. The tea and coffee cups are of French manufacture from the first half of the nineteenth century. The serving trays are also a special creation by Odiot. Completing the *mise en place* are a damask tablecloth with the family monogram and a centrepiece in Capodimonte porcelain.

Francesca Grabau Amodeo

Luigi e Hermione Grassi

Un'atmosfera intima e riservata quella che si respira con questa tavola per due, predisposta sotto un pergolato di rose *banksiae*. I piatti con fiori blu, le posate moderne con manico verde e i bicchieri anch'essi con lo stelo blu si sposano perfettamente con il contesto bucolico. Su una candida tovaglia di lino bianco, ricamata con pampini e girali, si adagia un vasetto in cristallo con una rosa *gallica*.

An intimate and discreet atmosphere pervades this table for two, set under a pergola of *banksiae* roses. Dishes with blue flowers, modern cutlery with green handles and glasses with blue stems blend perfectly with the bucolic setting. On a pristine white linen tablecloth, embroidered with vine leaves and swirls, sits a crystal vase with a *Rosa gallica*.

Piero e Mariateresa Guicciardini

Questa *salle à manger*, con pareti affrescate sulle quali corre un fregio in legno con simboli medicei, è finemente arredata: tra il mobilio si apprezza la credenza del Seicento con sopra candelieri in bronzo dorato, alzata in alabastro con frutti del giardino e sculture in bronzo di *Arlecchino* e *Colombina* di Bjørn Okholm Skaarup. Sul tavolo ovale del Seicento, accompagnato da sedie fiorentine rivestite in cuoio della stessa epoca, si trovano: servizio di piatti con stemma in terraglia della Richard di fine Ottocento, posate in argento con stemma Guicciardini, appositamente realizzate dalle argenterie Pampaloni di Firenze, bicchieri in cristallo molato a mano. I piattini da pane sono in argento così come le saliere e i cucchiaini con blasone di famiglia; le brocche da acqua e da vino sono in cristallo. Sulla tovaglia in seta blu e oro, motivo "vaso romano", tessuta su telai antichi secondo la tradizione di San Leucio, si apprezzano i candelabri in argento con base a testa di leone del 1800 e una composizione di arance amare, limoni e zagare, tutte essenze dal giardino.

This *salle à manger*, with frescoed walls on which runs a wooden frieze with Medici symbols, is finely furnished. The furniture includes a seventeenth-century sideboard on which stand gilded bronze candelabras, an alabaster riser with garden fruits and bronze sculptures of Harlequin and Columbine by Bjørn Okholm Skaarup. On the oval seventeenth-century table, accompanied by Florentine chairs upholstered in leather from the same period, is a late nineteenth-century Richard service of dishes with an earthenware crest; silver cutlery with the Guicciardini family crest, specially made by the Pampaloni silverware workshops in Florence, and hand-cut crystal glasses. The bread plates are in silver as are the salt shakers and teaspoons with the family crest; the water and wine jugs are in crystal. On the blue and gold silk tablecloth, with a "Roman vase" motif, woven on ancient looms according to the tradition of San Leucio, are nineteenth-century silver candlesticks with a lion's head base and an arrangement of bitter oranges, lemons and orange blossoms, all from the garden.

Piero e Mariateresa Guicciardini

Chiara Lemarangi *Tenuta Poggione*

In questa ambientazione, tutta maremmana, si apprezzano due tavole. All'esterno si trovano: piatti "Antico Doccia" della Manifattura Ginori, posate in argento di famiglia. Come centrotavola, sulla tovaglia di lino e cotone, vi sono le corna maremmane e, appoggiati di lato, gli "uncini": lo strumento tipico dei butteri per aprire i cancelli. Sempre fuori (p. 86), nel piccolo "salotto" allestito con pouf marocchini vi è l'angolo del caffè; corrono a terra, lungo tutto il pergolato, stuoie marocchine. All'interno: piatti fioriti, posate di famiglia in argento, bicchieri della casa.

In this setting, entirely typical of the Maremma region, there are two tables. Outside there are "Antico Doccia" dishes by the Ginori manufactory, and silver family cutlery. As a centrepiece, on the linen and cotton tablecloth, there are Maremma horns and, lying to one side, 'hooks', the typical tool of the *butteri* (horsemen) for opening gates. Also outside (p. 86), in the small "parlour" furnished with Moroccan poufs, is the coffee corner where Moroccan mats are on the ground along the whole pergola. On the inside there are floral dishes, the family's silver cutlery and glasses belonging to the house.

Chiara Lemarangi Tenuta Poggione

A lato: un'apparecchiatura informale nell'ambiente ricavato da una ex stalla con tovagliette a righe in cotone, piatti antichi di famiglia con riga dorata, posate moderne, candelabri in ferro battuto.

Opposite: an informal table setting in a room converted from a former stable with striped cotton placemats, antique family dishes with gold stripes, modern cutlery, wrought-iron candelabras.

Davanti al camino del soggiorno di casa Lensi Orlandi Cardini, è allestita questa tavola per quattro persone, su un piano di pietra "forte" lucidata a specchio, senza tovaglia. Si apprezzano: piatti della Manifattura Ginori, posate moderne, bicchieri di cristallo. Il centrotavola è una statuetta in bronzo e rame che rappresenta il dio Mercurio, tipicamente caratterizzato con le ali ai piedi – simbolo del primato dell'intelligenza – e il petaso. La divinità sostiene un lume a olio, sormontato da una sfera d'argento su cui poggia un cigno con un serpente nella zampa destra.

Geri Lensi Orlandi Cardini

In front of the fireplace in the drawing room of the Lensi Orlandi Cardini home, this table for four is set on a mirror-polished *pietra forte* table top, without a tablecloth. On the table top there are dishes from the Ginori manufactory, modern cutlery and crystal glasses. The centrepiece is a bronze and copper statuette representing the god Mercury, typically depicted with wings on his feet – a symbol of the supremacy of intelligence – and with a petasos. The deity holds an oil lamp, surmounted by a silver sphere on which there is a swan with a snake in its right foot.

Sopra: la *mise en place* con cache-pot con clivie.

Above: the *mise en place* with cache-pot and clivias.

Geri Lensi Orlandi Cardini

In una seicentesca villa sulla collina di Fiesole vi è questa deliziosa *salle à manger*, delicatamente affrescata nel Settecento con motivi floreali e architetture con colonne. La tavola è apparecchiata con una antica tovaglia di lino di fiandra, finemente ricamata, e presenta tre varianti di apparecchiatura.

In a seventeenth-century villa on the hill of Fiesole is this delightful *salle à manger*, delicately frescoed in the eighteenth century with floral motifs and columned architecture. The table is set with an antique, richly embroidered Flanders linen tablecloth and has three variations of table settings.

Roberto e Cristina **Lucarini Manni**

La prima con piatti del XVIII secolo in porcellana di Dresda, posate in argento dell'Ottocento con stemma di famiglia e bicchieri in cristallo decorati del Settecento. Il centrotavola in argento è del XVIII secolo e raccoglie una composizione floreale di rose antiche, peonie e ortensie, tutte essenze del giardino. Completano l'apparecchiatura quattro putti suonatori in porcellana bianca e oro del Settecento.

The first with dishes from the eighteenth century made of Dresden porcelain, silver cutlery from the nineteenth century with the family crest and decorated crystal glasses from the eighteenth century. The silver centrepiece is from the eighteenth century and features a floral arrangement of antique roses, peonies and hydrangeas, all from the garden. Four eighteenth-century white and gold porcelain cherubs playing instruments complete the set.

Roberto e Cristina Lucarini Manni

La seconda presenta un'apparecchiatura con piatti bianchi con motivi floreali del servizio "Vecchio Ginori" del XIX secolo, posate in argento dell'Ottocento con stemma di famiglia e bicchieri in cristallo decorati del Settecento. Il centrotavola in argento è del XVIII secolo e raccoglie una deliziosa composizione floreale di rose antiche, peonie e ortensie, tutte essenze del giardino. Completano l'apparecchiatura quattro putti suonatori in porcellana bianca e oro del Settecento.

In the second there is a set of white dishes with floral motifs from the nineteenth-century "Vecchio Ginori" service, nineteenth-century silver cutlery with the family crest and eighteenth-century decorated crystal glasses. The silver centrepiece is from the eighteenth century and features a delightful floral arrangement of antique roses, peonies and hydrangeas, all from the garden. Four eighteenth-century white and gold porcelain cherubs playing instruments complete the set.

Roberto e Cristina Lucarini Manni

La terza è un trionfo di bianco e oro: i piatti bianchi con bordatura in oro in porcellana sono della Manifattura di Sèvres del 1811, l'antico centrotavola del Settecento è sempre in porcellana bianca e oro con una composizione di fiori viola, le posate sono in argento dell'Ottocento con lo stemma di famiglia e i bicchieri del Settecento in cristallo decorati. Anche in questo caso completano l'apparecchiatura quattro putti suonatori in porcellana bianca e oro del Settecento.

The third is a triumph of white and gold. The white plates in porcelain with a gold border are from the 1811 Sèvres manufactory, the antique eighteenth-century centrepiece is also in white and gold porcelain with a composition of purple flowers, the cutlery is in nineteenth-century silver with the family crest and the eighteenth-century glasses are made from decorated crystal. Also in this case, four cherubs playing instruments in white and gold porcelain from the eighteenth century complete the set.

Le tavole sono di Roberto e Cristina Lucarini Manni, antica e nobile famiglia fiorentina già citata nei documenti del XII secolo, con origini pistoiesi per il ramo Manni e senesi per il ramo Lucarini. Ai primi del 1600, a Siena, il conte palatino Alcibiade Lucarini fondò l'Accademia degli Uniti. Nel 1752 il nobile Niccolò Manni fu insignito del titolo di conte. Dall'unione di entrambe le casate discendono gli attuali esponenti.

The tables are the work of Roberto and Cristina Lucarini Manni, from an ancient and noble Florentine family mentioned in documents from as early as the twelfth century, with origins in Pistoia for the Manni branch and Siena for the Lucarini branch. In the early 1600s, Count Palatine Alcibiade Lucarini founded the Accademia degli Uniti in Siena. In 1752, the nobleman Niccolò Manni was awarded the title of Count. The current representatives descend from the union of both lineages.

Roberto e Cristina Lucarini Manni

Alexandra Magris Weigelsperg

A poca distanza dal centro storico di Firenze, nelle vicinanze della Villa Medicea del Poggio Imperiale, si trova Villa La Fonte con il suo grande giardino in parte frutteto, vigneto e uliveto e in parte coltivato a fiori. A bordo piscina il tavolo è apparecchiato con il servizio di piatti "Twist" della Villeroy & Boch, le posate moderne, e i bicchieri colorati in vetro soffiato, il tutto in perfetta armonia con le variopinte fioriture circostanti. La tovaglia è di Lisa Corti.

Not far from the historical centre of Florence, near the Villa Medicea del Poggio Imperiale, lies Villa La Fonte with its large garden, which is part orchard, part vineyard and olive grove, and part flower garden. By the pool, the table is set with Villeroy & Boch's "Twist" dinner service, modern cutlery and coloured blown-glass glasses, all in perfect harmony with the colourful surrounding flowers. The tablecloth is by Lisa Corti.

Alexandra Magris Weigelsperg

Alexandra Magris Weigelsperg

Questa apparecchiatura all'esterno presenta: sottopiatti scoperti a un mercatino, piatti in ceramica Tiffany degli anni novanta, posate Christofle, bicchieri da acqua blu fumé e da vino dell'antico servizio di casa. Il centrotavola fiorito è di assortimento colto nel parco.

This outdoor table setting features placemats picked up at a flea market, Tiffany ceramic plates from the 1990s, Christofle cutlery, and smoky blue water glasses and wine glasses from the old house service. The floral centrepiece is an assortment gathered from the park.

Clara Maragliano Caranza *Villa L'Ugolino*

Filippo e Daria Marchi

Nella Maremma grossetana si trova la Fattoria di Montelattaia, nata come complesso monastico fortificato nel 1288. Per secoli proprietà di antiche famiglie senesi, nei primi del Novecento fu acquistata dai Levi da Zara passando poi a Gioia Marchi Falck e al figlio Filippo che, con la moglie Daria Gentiloni Silverj, oggi si occupa della tenuta. Per questa colazione nella loggia, sul tavolo apparecchiato con tovaglia in vecchi torselli di lino con sedie in legno del designer francese Christian Astuguevieille, si trovano: piatti con decorazione di uccelli in ceramica di Este, vecchie posate in osso, bicchieri di Empoli e bottiglia della moleria Locchi di Firenze. Nei portauovo bianchi sempre di Este dei primi dell'Ottocento, usati come segnaposti, vi sono essenze del giardino; i centrotavola sono due vecchi pumi in ceramica di Grottaglie, simbolo di prosperità.

In the Maremma region of Grosseto is the Fattoria di Montelattaia, founded as a fortified monastic complex in 1288. For centuries the property of ancient Sienese families, in the early twentieth century it was purchased by the Levi da Zara family and then passed to Gioia Marchi Falck and her son Filippo who, with his wife Daria Gentiloni Silverj, manages the estate today. For this breakfast in the loggia, on the table set with a tablecloth made of old rolls of linen cloth and wooden chairs by French designer Christian Astuguevieille, there are dishes with bird decorations in Este ceramic, old bone cutlery, glasses from Empoli and a bottle from the Moleria Locchi glassware factory in Florence.
There are flowers from the garden in the white eggcups used as place holders, which are also from Este and date from the early nineteenth century. The centrepieces are two old ceramic pumas from Grottaglie, the puma being a symbol of prosperity.

Filippo e Daria Marchi

All'esterno: nel giardino della proprietà, il tavolo da tè è apparecchiato con un servizio di Deruta bianco con rilievo di fiori.

Outside: in the garden of the property, the tea table is set with a white Deruta service with embossed flowers.

Filippo e Daria Marchi

In un ambiente decorato con affreschi di Assia Pallavicino, scaldato dalla luce dei lumi della designer Roberta Cipriani, sulla tavola si trovano: piatti in ceramica della Manifattura Pratica di Mare, posate in argento San Marco, bicchieri La Verrerie de Biot. La tovaglia è Salento.

In a setting decorated with frescoes by Assia Pallavicino and warmed by the light of designer Roberta Cipriani's lamps, there are, on the table: ceramic plates from the Pratica di Mare manufactory, San Marco silver cutlery, La Verrerie de Biot glasses. The tablecloth is Salento.

Raffaello e Silvia Napoleone

Raffaello e Silvia Napoleone

Raffaello e Silvia Napoleone

Gian Paolo e Gioia Olivetti Rason

Questa magnifica sala da pranzo è arredata con importanti dipinti e contornata da un set composto da divano, poltrone e sedie – dorate e laccate – del XVIII secolo lucchese. Intorno alla tavola apparecchiata per sedici persone si possono notare altrettante sedie in noce del XVII secolo. Sulla grande tavola si trovano: sottopiatti in argento inglesi Regina Anna, piatti Ginori Impero "Camelia Pink Roses", posate d'argento inglesi del XIX secolo con cifre della famiglia, bicchieri Nason Moretti e bicchieri rossi di Baccarat sempre con cifre della famiglia. Accanto ai bicchieri, i segnaposto dell'argentiere milanese Miracoli raffiguranti soggetti di fauna selvatica. Sulla tovaglia bianca cifrata di fiandra, spiccano al centro un importante gruppo in porcellana di Capodimonte, ai lati una coppia di alzate per frutta in bronzo dorato e cristalli del XIX secolo e due grandi candelabri in bronzo dorato e cesellato "Impero" Francia a sette luci.

This magnificent dining room is adorned with several important paintings and framed by an eighteenth-century set from the Lucca area consisting of a gilded and lacquered sofa, armchairs and chairs. Around the table set for sixteen people are a like number of walnut chairs from the eighteenth century. On the large table are English Regina Anna silver underplates, Ginori Impero "Camelia Pink Roses" dishes, nineteenth-century English silver cutlery with the family initials, Nason Moretti glasses and red Baccarat glasses, also with the family crest. Next to the glasses are place markers by the Milanese silversmith Miracoli, depicting wildlife subjects. On the white Flanders tablecloth, an impressive Capodimonte porcelain group takes centre stage; at the sides there are a pair of gilded bronze and crystal fruit stands from the nineteenth century and two large gilded bronze and engraved France "Empire" seven-light candelabras.

Gian Paolo e Gioia Olivetti Rason

Sottopiatti con stemma Pandolfini, disegnati e prodotti da Margherita Pandolfini; piccola alzata del servizio Ginori bianco e blu con stemma di famiglia.

Underplates with the Pandolfini crest, designed and produced by Margherita Pandolfini, and a small riser from the white and blue Ginori service with the family crest.

Niccolò e Isabella Pandolfini

Sotto il grande lampadario di Murano del XVIII secolo, a otto fiamme su bracci sagomati e decorati con piccoli pendenti piriformi alternati a rametti che terminano in fiori colorati, troneggia il grande centrotavola di Meissen del XIX secolo. La parte superiore è modellata a cestino traforato e colmo di fiori, sostegno a balaustro con volute in rilievo dorate, dipinto con fiorellini, affiancato da mensoline con figurine staccabili; la base è mossa con motivi *rocailles* e profili dorati, centrata da otto medaglioni dipinti con mazzetti di fiori. I manici sono a rami fioriti. Ai lati due ceste traforate di un servizio di Copeland, dipinto all'orientale, con fiori e fasce a decorazione geometrica e con il monogramma di Frederick Stibbert della seconda metà del XIX secolo. Ancora oltre, coppia di candelabri in Christofle dorato e inciso con girali di foglie, fiori e con la "P" coronata, della fine del secolo XIX. Chiudono questa teoria i vasi gemelli a balaustro in cristallo intagliato con montatura in bronzo dorato, manici a voluta cesellati con foglie, rosone e palmetta nell'attacco, sormontati da uccello esotico, base quadrata con fascia a palmette, inizio del XIX secolo.

Beneath the large eighteenth-century Murano chandelier, with eight lights on shaped arms decorated with small pear-shaped pendants alternating with sprigs ending in coloured flowers, stands the large nineteenth-century Meissen centrepiece. The upper part is styled as an openwork basket filled with flowers, the baluster support has gilded relief volutes, painted with small flowers, flanked by small shelves with detachable figurines; the base is shaped with rocailles motifs and gilded profiles, centred by eight medallions painted with bouquets of flowers. The handles are flowering branches. On the sides are two openwork baskets from a Copeland service, painted in the Oriental style, with flowers and bands of geometric decoration and the monogram of Frederick Stibbert from the second half of the nineteenth century. Beyond this, a pair of gilded and engraved Christofle candelabras with whorls of leaves, flowers and a crowned "P", from the late nineteenth century. Completing this collection are twin baluster vases in cut crystal with gilded bronze mounts, scroll handles engraved with leaves, rosettes and palmettes at the join, surmounted by an early nineteenth-century exotic bird with a square base with palmette band.

Niccolò e Isabella Pandolfini

Sullo sfondo l'arazzo portiera realizzato per le nozze di Anna Pandolfini e Filippo Strozzi della fine del Settecento e il grande vaso a balaustra in porcellana a decorazione *boule de neige* con manici formati da rami verdi, uccelli sulla parte biansata, lucertole e conchiglie sulla base, fiori e colombe sul basamento sorretto da quattro piedi con riccioli centrati da testa di leone, della manifattura di Meissen della prima metà del XIX secolo. Sul tavolo due alzate doppie del grande servizio di Copeland di Frederick Stibbert della seconda metà del XIX secolo.

In the background the tapestry curtain made for the wedding of Anna Pandolfini and Filippo Strozzi from the late eighteenth century and the large porcelain baluster vase with *boule de neige* decoration; handles formed by green branches, with birds on the two-handled part, lizards and shells on the base and flowers and doves on the plinth supported by four feet with swirls centred by lion heads, from the Meissen manufactory from the first half of the nineteenth century. On the table there are two double risers from the large Copeland service by Frederick Stibbert from the second half of the nineteenth century.

Niccolò e Isabella Pandolfini

Palazzo Pandolfini

In questa imponente sala da pranzo dalle tappezzerie ottocentesche, ricca di stucchi e decori dorati, sotto le luci di un antico lampadario di Murano, scintillano sulla candida tovaglia di lino le cristallerie classiche e l'argento delle posate. Il servizio di piatti Ginori del Settecento è decorato da mazzetti di roselline e tulipani, la cui grazia rimanda al delicato centrotavola di porcellana. I Pandolfini sono una antica famiglia fiorentina, che ha dato dal 1381 al 1523 alla Repubblica di Firenze ventotto priori e dodici gonfalonieri di Giustizia, oltre a numerosi ambasciatori e letterati. Nei primi decenni del Cinquecento, un Giannozzo Pandolfini fece costruire lo splendido palazzo omonimo, probabilmente su disegno di Raffaello. La composizione floreale sulla tavola è a forma di torre con dalie; a trionfo con dalie gialle e crisantemi sulla console.

In this imposing dining room with its nineteenth-century tapestries, rich stuccoes and gilded decorations, under the glow of an antique Murano chandelier, classic glassware and silver cutlery sparkle on the white linen tablecloth. The eighteenth-century Ginori dinner service is decorated with bouquets of roses and tulips, the gracefulness of which recalls the delicate porcelain centrepiece. The Pandolfini are an ancient Florentine family that contributed twenty-eight priors and twelve gonfaloniers of justice to the Republic of Florence from 1381 to 1523, as well as numerous ambassadors and men of letters. In the early decades of the sixteenth century, one Giannozzo Pandolfini had the splendid palazzo of the same name built, probably to a design by Raphael. The flower arrangement on the table is tower-shaped with dahlias, triumphant with the yellow dahlias and chrysanthemums on the console.

Palazzo Pandolfini

Francesco e Veronica Passerin d'Entrèves

A Forte dei Marmi, nel cuore della Versilia, si trova questa casa molto amata e ricca di storia. I precedenti proprietari erano, infatti, i figli di Enrico Morin, nipote dell'ammiraglio e politico italiano. Lo stile del "Cantuccino", questo il soprannome familiare, è quello tipico delle abitazioni della zona della fine dell'Ottocento quando molte case erano piccole fattorie. Questa peculiarità si riconosce nell'uso del cotto, dei mattoni, della pietra e nella presenza della vite americana.
La tavola al Cantuccino è allegra e colorata, parla dei proprietari, della loro famiglia e delle loro passioni. Sulla tovaglia di Lisa Corti, abbinata agli ampi tovaglioli di lino cifrati di casa, si trovano: piatti della Manifattura Ginori con decorazione di pesci, posate francesi, bicchieri realizzati dalle bottiglie dei vini di casa con tanto di stemmi di famiglia.

In Forte dei Marmi, in the heart of Versilia, lies this much-loved house steeped in history. The previous owners were, in fact, the sons of Enrico Morin, grandson of the Italian admiral and politician. The style of the "Cantuccino", this being the family nickname for the house, is typical of homes in the area at the end of the nineteenth century when many houses were small farms. This peculiarity can be recognised in the use of terracotta, bricks, stone and the presence of American vines. The table at Cantuccino is cheerful and colourful, and speaks of the owners, their family and their passions. On a Lisa Corti tablecloth, matched with the large linen napkins bearing the house's initials, there are dishes from the Ginori manufactory with fish decorations, French cutlery, and glasses made from the bottles of the house wines complete with family crests.

Francesco e Veronica Passerin d'Entrèves

Nel maggio del 1619, il Palazzo dell'Antella, in piazza Santa Croce, fu oggetto di un raffinato progetto di decorazione della facciata ideato da Giulio Parigi. Tra i pannelli presenti sotto il marcapiano del primo piano, Giovanni da San Giovanni dipinse un *Amorino dormiente* così descritto dalle fonti: «La stupenda figura dell'Amorino, che dorme presso ad un cigno: e questa fece Giovanni da San Giovanni, il quale non ebbe difficultà di copiarlo da simil figura, che oggi è nel palazzo serenissimo, fatta per mano del Caravaggio: e non v'è chi dubiti, che data la parità dell'essere quello di Giovanni a fresco, e quel di Caravaggio a olio, non sia migliore quello di questo». Nella sala da pranzo affrescata con Bacco e satiri in un paesaggio ambientato all'Antella del Seicento fiorentino, sulla tavola si trovano: piatti Richard Ginori, posate in argento Buccellati, vetri veneziani.

Francesca Piccolomini

In May 1619, the façade of the Palazzo dell'Antella in Piazza Santa Croce underwent a refined decoration project by Giulio Parigi. Among the panels under the stringcourse on the first floor, Giovanni da San Giovanni painted a *Sleeping Cupid*, described by sources as follows: 'The marvellous figure of Cupid, sleeping near a swan was painted by Giovanni da San Giovanni, who had no difficulty in copying it from a similar figure painted by Caravaggio, which is now in the Palazzo Serenissimo: and there is no doubt that, considering the similarity between Giovanni's fresco and Caravaggio's oil painting, the latter is not better'. In the dining room with frescos of Bacchus and satyrs in a landscape set in Antella in seventeenth-century Florence, there are, on the table, Richard Ginori dishes, Buccellati silver cutlery and Venetian glassware.

Francesca Piccolomini

Giorgio e Benedetta Pozzolini

La villa, di impianto buontalentiano, fu probabilmente edificata da Filippo Del Migliore, sulla "casa da signore" acquistata nel 1539 dalla famiglia Della Stufa, già "castello" dei Cattani di Cercina dell'XI secolo. Passata ai Ginori, alla fine del Seicento la ingrandirono dotandola di un ampio parco barocco, fu acquistata poi – alla metà dell'Ottocento – dalla famiglia Pozzolini che ne fece una fattoria modello e un giardino di acclimatazione con vivaio, determinando in buona parte l'assetto del territorio circostante.

The villa, of Buontalentian layout, was probably built by Filippo Del Migliore over the "manor house" purchased in 1539 from the Della Stufa family, formerly the "castle" of the Cattani di Cercina family in the sixteenth century. It passed to the Ginori family, who – at the end of the seventeenth century – enlarged it by adding a large Baroque park. In the mid-nineteenth century, it was purchased by the Pozzolini family, who turned it into a model farm and an acclimatisation garden with a nursery, largely determining the layout of the surrounding area.

Giorgio e Benedetta Pozzolini

Di fronte al monumentale portale balconato che si staglia sull'elegante facciata, strutturata in cinque assi di aperture, si trova questa lunga fratina, con piatti in porcellana Wedgwood "Etruria patrician" con decoro, posate in argento con impugnatura in corno, bicchieri in cristallo con bordo oro. Completano la tavola vasi in vetro, di diverse misure, con fiori del giardino. Sul balcone è stato allestito un angolo da caffè con tazzine sempre del servizio principale.

Facing the monumental balustraded doorway which stands out against the elegant façade with its five pairs of windows, is this long table, with Wedgwood "Etruria patrician" porcelain dishes with decoration, silver cutlery with horn handles, and crystal glasses with a gold rim. Glass vases of different sizes with flowers from the garden complete the table. On the balcony, a coffee corner has been set up with cups from the main service.

Giorgio e Benedetta Pozzolini

Cosimo e Ottavia Ranieri

Questa tavola abita a Camigliano, cuore verde della Lucchesia, sotto un portico ligneo ai bordi della piscina panoramica da dove si intravede Villa Torrigiani. L'apparecchiatura è svelta e sobria, in armonia con il verde circostante, con piatti fioriti "Parkland" della Villeroy & Boch, accompagnati da posate Saint Bonnet; i bicchieri Römer, in Italia conosciuti come Saint Louis, sono stati donati negli anni in occasione di eventi significativi.

This table is found in Camigliano, the green heart of the Province of Lucca, under a wooden portico at the edge of the panoramic swimming pool from where one can catch a glimpse of Villa Torrigiani. The table setting is subtle and understated, in harmony with the surrounding greenery, with Villeroy & Boch's "Parkland" floral dishes, accompanied by Saint Bonnet cutlery. The Römer glasses, known in Italy as Saint Louis, have been donated over the years for significant events.

Cosimo e Ottavia Ranieri

Mario e Evelyn Razzanelli

Questa apparecchiatura è a carattere tedesco con un significativo tocco di italianità. Il servizio di piatti della Manifattura di Meissen apparteneva alla nonna materna della proprietaria che lo usa con grande senso di memoria, vista la raffinatezza dei dettagli. I bicchieri Römer – in Italia conosciuti come Saint Louis – facevano parte della collezione della madre di Evelyn, i bicchieri per l'acqua – degli anni sessanta/settanta – sono dell'argentiere fiorentino Brandimarte, amico di famiglia, così come i sottopiatti e i piattini da pane, caratterizzati da un disegno pompeiano con una ghirlanda composta da vari frutti legati con l'alloro. I sottobicchieri, sempre in argento, presentano un decoro a cornice. I due candelabri del Settecento sono ancora Meissen; le alzatine in bronzo e cristallo provengono dalla collezione del granduca di Baden e sono della stessa epoca. Il centrotavola è un capolavoro in argento dell'orafo inglese Paul Storr, gradito regalo del padrone di casa alla moglie.

This tableware is German in character with a distinct Italian touch. The dinner service from the Meissen manufactory belonged to the owner's maternal grandmother, and she uses it with a great respect for her memory, especially in view of the exquisite details. The Römer glasses – known in Italy as Saint Louis – were part of Evelyn's mother's collection; the water glasses, from the 1960s/70s, are by the Florentine silversmith Brandimarte, a friend of the family, as are the saucers and bread plates, featuring a Pompeian design with a garland of various fruits tied with laurel. The coasters, also in silver, have a framed decoration. The two eighteenth-century candlesticks are again Meissen; the bronze and crystal risers come from the collection of the Grand Duke of Baden and are from the same period. The centrepiece is a silver masterpiece by the English goldsmith Paul Storr, a cherished gift from the master of the house to his wife.

Mario e Evelyn Razzanelli

Giovanni e Ginevra Ricasoli Firidolfi

In questa sala da pranzo col soffitto affrescato a grottesche della fine del Settecento, sotto il lampadario di Murano della stessa epoca, sul tavolo circondato da sedie impero con piume si trovano: servizio di piatti in porcellana Richard Ginori con stemma inquartato di casa Ricasoli Firidolfi, posate in argento con prese lisce con il monogramma coronato "R.F." dell'argentiere fiorentino Gherardi, fine del XIX-inizio XX secolo, bicchieri in cristallo intagliato di Baccarat su stelo sfaccettato e base circolare. Sulla tovaglia di fiandra antica con stemma telato i candelabri di casa in argento, della fine del Settecento-inizio Ottocento, rendono l'atmosfera romantica e accogliente.

In this dining room, its ceiling frescoed with grotesques from the late eighteenth century and with a Murano chandelier from the same period, there are, on the table surrounded by empire chairs with feather design, a Richard Ginori porcelain dinner service with the quartered coat of arms of the Ricasoli Firidolfi house; silver cutlery with smooth handles with the crowned monogram "R.F." by the Florentine silversmith Gherardi from the late nineteenth or early twentieth century and Baccarat cut crystal glasses on faceted stem and circular bases. On the antique damask tablecloth with a woven coat of arms, the late eighteenth- or early nineteenth-century silver candelabras make the atmosphere romantic and cosy.

Fabio e Ginevra Sanminiatelli

Sotto il loggiato esterno, su una tavola impreziosita da una tovaglia gialla e una in pizzo ricamata a mano sovrapposta, si trovano: servizio di piatti Provenza francese della fine dell'Ottocento, bicchieri in cristallo, posate, piattini da pane e candelabri del servizio in argento di casa.

Under the external loggia, on a table adorned with a yellow tablecloth and a hand-embroidered lace one on top of it, there is a late nineteenth-century French Provençal dinner service, crystal glasses, cutlery, bread plates and candlesticks from the house silver service.

Fabio e Ginevra Sanminiatelli

Carolina Santarelli

Carolina Santarelli

Il tavolo è un tributo all'eleganza e al lusso degli oggetti d'arte e dell'artigianato, un'armonia perfetta di antico e nuovo. Si apprezzano i piatti della Manifattura Ginori decorati a mano con motivi in oro, i bicchieri dipinti a mano con rilievi finissimi in pasta di vetro e le posate classiche in argento, lucide e pesanti. Al centro, sulla tovaglia di organza ricamata artigianalmente, spiccano le porcellane e i vasi di Meissen, accompagnati da delicate statuette sempre della manifattura tedesca.

This table is a tribute to the elegance and luxury of art and craftsmanship, a perfect harmony of old and new. It features hand-decorated Ginori manufactory dishes with gold motifs; hand-painted glasses with fine glass paste reliefs and shiny, heavy, classic silver cutlery. The Meissen porcelain and vases take centre stage on the hand-embroidered organza tablecloth, accompanied by delicate figurines which are also from the German manufactory.

L'allestimento all'esterno evoca la semplicità raffinata e l'autenticità della Toscana. Caratterizzato da un'essenza rustica e genuina, ogni elemento è una testimonianza della tradizione e dell'artigianato della regione. I sottopiatti sono in vimini, i piatti – nelle tonalità del beige – in ceramica e i bicchieri in cristallo della Val d'Elsa. Al centro svettano cipressi in ceramica dipinti a mano, simbolo inconfondibile del paesaggio.

The outdoor setting evokes the refined simplicity and authenticity of Tuscany. The rustic and genuine essence of each element is a testimony to the tradition and craftsmanship of the region. The placemats are wicker, the plates – in shades of beige – are ceramic and the glasses are Val d'Elsa crystal. In the centre stand hand-painted ceramic cypresses, an unmistakable symbol of the landscape.

Carolina Santarelli

Questo tavolo Taitù è un inno alla diversità e alla creatività. Colpisce l'eterogeneità di ogni set, di cui ciascun pezzo racconta una storia differente, evocando mondi e temi vari, prendendo a modello l'originario equilibrio della natura e traducendolo in oggetti dal forte impatto emotivo e visivo. Ogni piatto, pur mantenendo una coerenza stilistica propria, gioca con disegni e temi unici, dando vita a un mosaico di forme, colori e storie. Questa diversità è una chiara espressione di modernità e originalità, un tentativo audace di spostare i confini di ciò che è considerato tradizionale o convenzionale in termini di servizio da tavola.

This Taitù table is a celebration of diversity and creativity. The varied nature of each set is striking, with each piece telling a different story, evoking different worlds and themes, taking the original balance of nature as a model and translating it into objects with a strong emotional and visual impact. Each dish, while maintaining its own stylistic coherence, plays with unique designs and themes, creating a mosaic of shapes, colours and stories. This diversity is a clear expression of modernity and originality, a bold attempt to shift the boundaries of what is considered traditional or conventional in terms of tableware.

Carolina Santarelli

L'eleganza del mare si riflette in ogni dettaglio di questa tavola raffinata attraverso un'esclusiva selezione di piatti e accessori che incarnano la variopinta palette dell'acqua e dell'atmosfera "fortemarmina". I toni vibranti del rosso corallo si fondono delicatamente con l'etereo blu delle onde, creando un quadro visivo incantevole.

The elegance of the sea is reflected in every detail of this refined table through an exclusive selection of dishes and accessories that embody the colourful palette of the water and the atmosphere of Forte dei Marmi. Vibrant shades of coral red gently blend with the ethereal blue of the waves, creating an enchanting visual picture.

Questo tavolo in riva al mare è un omaggio intenso ai colori vivaci e saturi della bella stagione e celebra il sublime incanto del mare. Qui le porcellane si uniscono a conchiglie di grande valore, aggiungendo un tocco di eleganza senza tempo.

This seaside table is an intense homage to the bright, saturated colours of the summer season and celebrates the sublime enchantment of the sea. Here, porcelain is combined with exquisite shells, adding a touch of timeless elegance.

Carolina Santarelli

A Villa La Gioiosa il tavolo inglese in stile Sheraton di mogano con gambe quadripodi che terminano a zampe ferine con rotelle, del XIX secolo, è accompagnato da sedie inglesi, sempre in mogano, con sedili ricamati a piccolo punto – alcuni anche da Costanza Orlando, madre della padrona di casa. Si apprezzano porcellane "Swallow" di Wedgwood of Etruria & Barlaston degli anni cinquanta, bicchieri in cristallo di Boemia del XX secolo, coppia di saliere a forma di conchiglia in opaline e argento. Completano la *mise en place* un grande cestino inglese traforato con mascheroni del 1772 e un gruppo di quattro candelieri di Dublino del 1872.

At Villa La Gioiosa the English Sheraton-style mahogany table with four-pronged legs ending in animal paws with castors, dating from the nineteenth century, is accompanied by English chairs, also in mahogany, with seats embroidered in petit point – including some by Costanza Orlando, mother of the mistress of the house. There is also "Swallow" porcelain by Wedgwood of Etruria & Barlaston from the 1950s, Bohemian crystal glasses from the twentieth century, and a pair of shell-shaped saltcellars in opaline and silver. The *mise en place* is completed by a large English openwork basket with masks from 1772 and a group of four Dublin candlesticks from 1872.

Carlo e Bettina Tamburini

Carlo e Bettina Tamburini

Elisabetta Torrigiani Malaspina

Il Giardino Torrigiani rappresenta uno splendido esempio di stile romantico, tipico dell'inizio dell'Ottocento. Progettato da Luigi Cambray Digny, a cui poi subentrò Gaetano Baccani fin da subito fu caratterizzato da una grande varietà di essenze, statue e piccoli edifici tra i quali spicca la torre che allude al blasone di famiglia, un torrino – appunto – sormontato da tre stelle. All'esterno, si trovano il servizio da tè Wedgwood "Hathaway rose" in porcellana finissima e quello con teiere inglesi in argento.

Elisabetta Torrigiani Malaspina

The Torrigiani Garden is a splendid example of romantic style, typical of the early nineteenth century. Designed by Luigi Cambray Digny, who was later succeeded by Gaetano Baccani, right from the start it was distinguished by a wide variety of plant species, statues and small buildings, including the tower that alludes to the family crest, which in fact is a small tower crowned with three stars. Outside, there is the Wedgwood "Hathaway rose" tea service in fine porcelain with English silver teapots.

Elisabetta Torrigiani Malaspina

Giuliana Uzielli Esclapon de Villeneuve

Questa tavola, nel podere di proprietà, comunica tutta l'allegra accoglienza del giardino panoramico, aperto come un balcone fiorito sul profilo della città. Il tono giocoso si esprime in un accostamento informale di stoviglie artigianali, piatti di legno – ricordo di un viaggio in Sudafrica, ceramiche fantasiose, vetri verdi del Valdarno anni sessanta, candelieri di vetro stile anni settanta e altri pezzi coloratissimi.

This table, on the family smallholding, conveys all the cheerfulness of the panoramic garden, open like a balcony in bloom over the city skyline. The playful tone is expressed in an informal combination of handmade crockery, wooden dishes (a souvenir of a trip to South Africa), fanciful ceramics, 1960s Valdarno green glassware, 1970s-style glass candlesticks and other colourful pieces.

Giuliana Uzielli Esclapon de Villeneuve

La *mise en place* comprende: un vecchio servizio di posate francesi da giardino con il manico di bambù, un'antica scatola inglese per il tè usata come zuccheriera, grandi candelabri provenzali da giardino stile shabby chic, una teiera lavorata con motivi giardinieri di Brandimarte, due composizioni con rose rosa Pierre de Ronsard, rami di *Crataegus pyracantha* in fiore, rose bengalensi, tutte fioriture del giardino raccolte in due vasi gemelli di cristallo, un vaso mignon Anduze provenzale, alcune coppe in vetro e una grande alzata moderna a tre piani, una rana di legno di buon auspicio come fermatovaglioli. Completano il tavolo del caffè: tazzine da caffè con roselline Richard Ginori, un servizio di porcellana fiorita da tè per tisane e cioccolata, un piattino in ceramica inglese con coperchio a fiori per confetti.

The *mise en place* includes: an old French garden cutlery service with bamboo handles; an antique English tea box used as a sugar bowl; large Provençal shabby chic garden candelabras; a teapot decorated with garden motifs by Brandimarte; two arrangements with pink Pierre de Ronsard roses branches of flowering *Crataegus pyracantha*, and Bengali roses, with all garden blooms collected in twin crystal vases; a Provençal Anduze mignon vase, a few glass bowls and a large modern three-tiered riser and an auspicious wooden frog as a napkin holder. Completing the coffee table: coffee cups with Richard Ginori rosettes, a floral porcelain tea service for herbal teas and hot chocolate and an English ceramic dish with a floral lid for sugared almonds.

Giuliana Uzielli Esclapon de Villeneuve

Villa Gamberaia Zalum

Villa Gamberaia si trova sulle colline di Settignano, in una posizione privilegiata dalla quale si apprezza la vista su Firenze e sulla Valle d'Arno. È famosa per i suoi giardini, allestiti da Zanobi Lapi e da due dei suoi nipoti nella prima metà del XVII secolo, che si sono conservati fino al giorno d'oggi senza sostanziali modifiche. Questa apparecchiatura per due persone si sposa per finitezza e precisione con il giardino che fa da quinta. Sul tavolo si trovano: sottopiatti in argento, piatti di porcellana "Antico Doccia" della Manifattura Ginori, posate in argento della villa e bicchieri di famiglia.

Villa Gamberaia Zalum

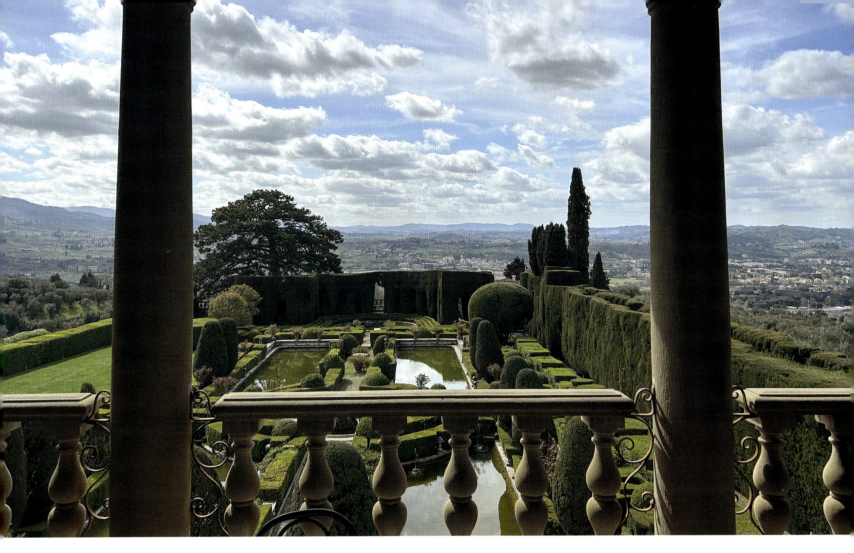

Villa Gamberaia is located on the hills of Settignano, in a privileged position with a view of Florence and the Arno Valley. It is famous for its gardens, laid out by Zanobi Lapi and two of his nephews in the first half of the eighteenth century, which have been preserved to this day without any major changes.

This table setting for two people matches in finesse and precision with the garden that forms the backdrop. On the table are silver underplates, "Antico Doccia" porcelain dishes from the Ginori manufactory, silver cutlery from the villa and family glasses.

Villa Gamberaia Zalum

Villa Oliva

A casa Villa Oliva, a Forte dei Marmi in Versilia, viene proposta una tavola per pesce dove si trovano: un servizio di piatti a forma di conchiglia Wedgwood "Nautilus collection", posate in argento Robbe & Berking, posate per crostacei di provenienza norvegese; i bicchieri sono Cassetti. Completano il tavolo vasi bianchi a forma di conchiglia del mercato di Forte dei Marmi e un vaso centrale bianco Napa Home & Garden: i fiori sono del giardino della proprietà e le composizioni di Vigdis Christiansen.

At the Villa Oliva in Forte dei Marmi in Versilia, we have a table for fish with: a Wedgwood "Nautilus collection" shell-shaped dinner service; Robbe & Berking silver cutlery; shellfish cutlery from Norway, and Cassetti glasses. White shell-shaped vases from the Forte dei Marmi market and a central white Napa Home & Garden vase complete the table. The flowers are from the property's garden and the arrangements are by Vigdis Christiansen.

Villa Oliva

Villa Pozzolini

INDICE | INDEX

PREFAZIONE | FOREWORD 5-6
INTRODUZIONE | INTRODUCTION 7
BASILE, *Ludovico e Eva* 9
BENINI, *Stefano e Carole* 12
BICHI RUSPOLI FORTEGUERRI, *Ridolfo e Enrichetta* 14
BONCOMPAGNI LUDOVISI, *Francesco e Maria Giovanna* 17
BORGHINI BALDOVINETTI DE' BACCI, *Gianluigi e Marie* 20
BOURBON DI PETRELLA, *Onorio e Cecilia* 23
CARREGA, *Filippo e Orsola* 26
CIOMPI, *Guido e* LANTIERI, *Luigi* 30
CORSINI, *Giovanni e Ines* 33
DALGAS, *Lorenza* 37
DEGLI ALESSANDRI, *Cristina* 39
DEL CORONA 42
DURAND-RUEL, *Christophe e Cécile* 45
FERI, *Carlo* 48
FERRAGAMO, *Salvatore e Christine* 51
FRESCOBALDI, *Leonardo e Cristiana* 54
GENTILE, *Giovanni e Nicoletta* 57
GERMANI, *Cristina* 60
GIACHETTI, *Antonella* 63
GINORI CONTI, *Ginevra* 66
GIUSTI, *Mario Luca* 68
GONDI, *Bernardo e Vittoria* 71

GRABAU AMODEO, *Francesca* 76
GRASSI, *Luigi e Hermione* 79
GUICCIARDINI, *Piero e Mariateresa* 81
LEMARANGI, *Chiara - Tenuta Poggione* 84
LENSI ORLANDI CARDINI, *Geri* 87
LUCARINI MANNI, *Roberto e Cristina* 89
MAGRIS WEIGELSPERG, *Alexandra* 93
MARAGLIANO CARANZA, *Clara - Villa L'Ugolino* 96
MARCHI, *Filippo e Daria* 99
NAPOLEONE, *Raffaello e Silvia* 102
OLIVETTI RASON, *Gian Paolo e Gioia* 105
PANDOLFINI, *Niccolò e Isabella* 108
PANDOLFINI, *Palazzo* 111
PASSERIN D'ENTRÈVES, *Francesco e Veronica* 113
PICCOLOMINI, *Francesca* 116
POZZOLINI, *Giorgio e Benedetta* 118
RANIERI, *Cosimo e Ottavia* 121
RAZZANELLI, *Mario e Evelyn* 124
RICASOLI FIRIDOLFI, *Giovanni e Ginevra* 127
SANMINIATELLI, *Fabio e Ginevra* 130
SANTARELLI, *Carolina* 133
TAMBURINI, *Carlo e Bettina* 140
TORRIGIANI MALASPINA, *Elisabetta* 143
UZIELLI ESCLAPON DE VILLENEUVE, *Giuliana* 146
VILLA GAMBERAIA ZALUM 149
VILLA OLIVA 152

Claudia vive a Firenze. Da sempre si occupa di composizioni floreali per le quali ha seguito corsi tenuti dai più noti esperti d'Europa quali Julia Clements e Jenny Banti Pereira. Ha partecipato a concorsi internazionali a Parigi, Montecarlo e Versailles, conseguendo premi e menzioni speciali.
Vicepresidente del Garden Club di Firenze, è fondatrice dell'annuale "Mostra della Camelia". Appassionata e cultrice delle apparecchiature, ha viaggiato per tutta Italia creando e improvvisando tavole per eventi esclusivi. Nella sua originalità è maestra inconfondibile di stile, capace di allestire *mise en place* declinate secondo le sfumature più diverse, ma tutte accomunate dal suo unico e inimitabile buongusto.

Claudia lives in Florence. She has always worked with floral arrangements, for which she has attended courses held by Europe's best-known experts, such as Julia Clements and Jenny Banti Pereira. She has participated in international competitions in Paris, Montecarlo and Versailles, winning prizes and special mentions.
Vice-president of the Garden Club of Florence, she is founder of the annual Camellia Exhibition. A passionate devotee of table settings, she has travelled all over Italy creating and improvising tables for exclusive events. Her originality makes her an unmistakable master of style, able to set up *mise en place* with the most diverse variations, but all united by her unique and inimitable good taste.

© 2023 Mandragora.
Tutti i diritti riservati | All rights reserved

Mandragora s.r.l.
via Capo di Mondo, 61
50136 Firenze
www.mandragora.it

Editor
Maria Cecilia Del Freo

Art director
Paola Vannucchi

Pre-stampa | Pre-print
Puntoeacapo, Firenze

Traduzione | English translation
NTL, Firenze

Si ringraziano in modo particolare:
Special thanks are due to:
Cecilia Bourbon di Petrella, Guido Ciompi, Domenico Savini

Altri crediti fotografici:
Other photographic credits:
Archivio Ciompi, Feri, Grabau, Pandolfini, Pianetti

Stampato in Italia da
Printed in Italy by
Grafiche Martinelli,
Bagno a Ripoli (Firenze)

Confezione | Bound by
Legatoria Firenze

Finito di stampare nel mese
di novembre 2023.
November 2023

isbn 978-88-7461-667-1